MARTIN KINTRUP

Super BOWLS

Die Schüsseln zum Glück:
süß und pikant

ALLE REZEPTE

In der Bowl geht's rund!

6 Breakfast-Bowl

8 Sunshine-Bowl

10 Smoothie-Bowl

12 Cold-Brew-Porridge

14 Açai-Bowl

16 Buddha-Bowl

Macht satt und glücklich

18 Couscous-Bowl

20 Jerusalem-Bowl

22 Bali-Love-Bowl

24 Frühlings-Bowl

26 Saucen, Dips & Co.

28 Saucen, Dips & Co.

AUF EINEN BLICK

30 Mexican Bowl

32 Polenta-Bowl

34 Sunny-Side-up-Bowl

36 Autumn-Bowl

38 Fresh-Fusion-Bowl

40 Hirse-Bowl

42 Linsen-Dal-Bowl

44 Ramen-Bowl

46 Matcha-Kokos-Bowl

Süßer Verführer

48 Crumble-Bowl

Löffelweise Superfoods!

Schüsselhelden 4
Register 50
Impressum 52

Titelrezept

SCHÜSSELHELDEN

Langeweile war gestern! In unsere genialen Bowls darf alles, was Spaß macht und das Herz begehrt. Machen Sie mit beim kreativen Schüssel-Mixing: Jede Menge Genuss und eine gute Portion Wellness sind garantiert!

Damit alle Zutaten Platz haben, sollte die Schüssel beim „Bowlen" einen Durchmesser von etwa 20 cm haben.

GRÜNZEUG

Spinat, Rucola, Kräuter, Feldsalat oder Blattsalate sind immer eine gute Basis für herzhafte Bowls. Ihr Spektrum reicht von mild und sanft bis scharf, derb und bitter. Aromatische Kräuter wie Basilikum und Minze verleihen auch süßen Bowls eine besondere Note.

OBST

Beeren und Granatapfelkerne sind absolute Bowl-Lieblinge: Sie schmecken einfach genial und sind reich an Vitaminen und Antioxidantien, Beeren sind noch dazu äußerst zuckerarm. Aber auch alle anderen Obstsorten machen in nicht zu großen Mengen eine gute Figur in jeglichen Schüsseln. Fein püriert, gehören sie als Smoothie zur Basisausstattung in Frühstücks-Bowls.

GEMÜSE

Alle Sorten, am besten saisonal, so viel das Herz begehrt! Kohl, Wurzel- und Knollengemüse – ausgenommen Kartoffeln – am liebsten knackig frisch, alles andere gerne auch mal gedünstet, gedämpft oder gebacken. Für grüne Bohnen gilt: Sie sind roh giftig und dürfen nur gegart in die Schüssel!

PROTEINQUELLEN

Am liebsten hochwertige Getreide wie Hirse oder Hafer, aber auch mal Couscous oder Polenta, dazu Pseudogetreide wie Quinoa, Buchweizen und Amarant. Auch Hülsenfrüchte sind ein Hit, etwa Linsen, Pintobohnen, Kichererbsen oder Sojabohnen in Gestalt von Tofu oder Tempeh. Gelegentlich: Eier, Fleisch, Fisch und Milchprodukte – ausschließlich in Bio-Qualität!

KERNE & SUPERFOODS

Liefern gesunde Fette, jede Menge Vitamine und angenehmen Crunch. Aktuell heiß begehrt: trendige Chia- und extraknackige Hanfsamen. Aber auch Klassiker wie Nüsse, Mandeln, Erdnüsse, Kürbiskerne, Pinienkerne und Leinsamen sind perfekte Toppings für süße wie für herzhafte Bowls.

SAUCEN

Die Krönung: Ob mild-cremig, aromatisch-frisch oder pikant-würzig, selbst gemachte Saucen und Dips runden herzhafte Bowls perfekt ab und sorgen für eine harmonische Verbindung der „trockenen" Zutaten.

BREAKFAST-BOWL

mit Trauben und Apfel

Quinoakörner sind echte Kraftpakete – sie sollen schon die Inka im heutigen Peru stark gemacht haben. Hier kommen sie als bunt getoppter Porridge in die Schüssel.

1
PERSON

25
MIN. ZUBEREITUNG

680
KCAL

ZUTATEN

50 g gemischte Quinoa, ¼ l Milch, 1 EL Frühstücksbrei (Bioladen), 1 TL Chiasamen, Salz, Zimtpulver, ½ Apfel, 50 g kernlose Weintrauben (rot oder grün), 5 Walnusskernhälften, ca. 2 TL Honig, 2 EL Naturjoghurt, 1 EL Kokoschips, 1 EL Gojibeeren, 1 EL Quinoa-Pops

QUINOA GAREN

- Quinoa mit Milch, 50 ml Wasser, Frühstücksbrei, Chiasamen und je 1 Prise Salz und Zimt zum Kochen bringen.
- Bei kleiner Hitze zugedeckt 10 Min. köcheln lassen, ab und zu umrühren. Quinoa von der Herdplatte nehmen, zugedeckt 8 Min. ausquellen lassen.

JETZT DIE TOPPINGS

- Inzwischen den Apfel waschen, entkernen und in dünne Spalten schneiden. Die Apfelspalten mit Zimtpulver bestäuben.
- Die Trauben waschen, trocken tupfen und von den Stielen zupfen.
- Die Walnusskerne grob mit den Fingern zerbröckeln.

BOWL STYLEN

Den Quinoa-Brei nach Geschmack mit Honig süßen und in eine Schüssel füllen. Den Joghurt mittig daraufgeben, die Apfelspalten und die Trauben darauf anrichten. Walnüsse, Kokoschips, Gojibeeren und Quinoa-Pops rundum auf der Bowl verteilen. Sofort loslöffeln!

SUNSHINE-BOWL

mit Grapefruit und Minze

Lacht morgens beim Frühstück schon die Sonne, kann der Tag nur gut werden. Und wenn das Wetter mal nicht mitspielt, ist diese Bowl der perfekte Sonnenschein-Ersatz!

1
PERSON

15
MIN. ZUBEREITUNG

480
KCAL

ZUTATEN

6 Physalis (Kapstachelbeeren), 1 Banane, je 100 g Mango- und Papayafruchtfleisch, 2 EL zarte Haferflocken, 1 EL Cashewmus, 1 EL Zitronensaft, 2 Stiele Minze, ½ rosa Grapefruit, 1 TL Leinsamen, 1 EL Pistazienkerne

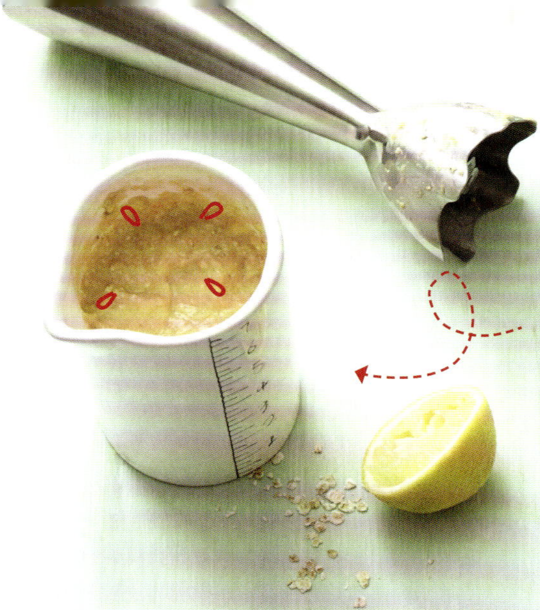

SMOOTHIE MIXEN

- 5 Physalis aus den Hüllen lösen und waschen. Die Banane schälen.
- Bananen-, Mango- und Papayafruchtfleisch in kleine Stücke schneiden.
- Alle vorbereiteten Früchte mit Haferflocken, Cashewmus und Zitronensaft in einem hohen Rührbecher mit dem Stabmixer fein pürieren.

SUNSHINE-DEKO

- Die Minze waschen, trocken tupfen und die Blätter abzupfen.
- Die Grapefruit so großzügig schälen, dass auch die weiße Haut mit entfernt wird. Die Filets zwischen den einzelnen Trennhäuten herausschneiden.
- Die Hülle der übrigen Physalis vorsichtig nach außen klappen oder entfernen.

LÖFFELFEIN!

Den Smoothie in eine Schüssel geben und die Physalis mittig daraufsetzen. Minzeblätter und Grapefruitfilets abwechselnd strahlenförmig um die Physalis anrichten. Die Bowl mit Leinsamen und Pistazienkernen garnieren.

SMOOTHIE-BOWL

mit Beeren und Hanfsamen

Einen besseren Start in den Tag gibt es kaum: Mit vitaminreichen Früchten, frischem Grün und wertvollen Saaten und Kernen sorgt diese Bowl für den schnellen Power-Kick am Morgen.

1
PERSON

10
MIN. ZUBEREITUNG

520
KCAL

ZUTATEN

50 g (Baby-)Spinat, ½ Avocado, 1 Banane, 1 Kiwi, 10 g Ingwer, 3 Stiele Minze, 2 EL zarte Haferflocken, 1 EL Zitronensaft, 2 – 4 EL Orangensaft, 1 EL Heidelbeeren, 50 g Rote Johannisbeeren, 1 EL Hanfsamen, 1 EL Kokoschips, 1 EL Mandeln

SMOOTHIE MIXEN

- Den Spinat verlesen und waschen.
- Avocado entsteinen und ebenso wie Banane und Kiwi schälen, alles in Scheiben schneiden.
- Ingwer schälen und klein schneiden. Minze waschen, trocken tupfen und die Blätter abzupfen. Einige Blätter für das Topping beiseitelegen.
- Die restlichen vorbereiteten Zutaten mit Haferflocken, Zitronensaft und 2 EL Orangensaft mit dem Stabmixer fein pürieren. Nach Belieben mit etwas Orangensaft verdünnen.

ECHT BEERIG

Heidelbeeren verlesen, waschen und trocken tupfen. Johannisbeeren waschen, trocken tupfen und von den Stielen zupfen.

READY, STEADY, GO!

- Den Smoothie in eine Schüssel füllen.
- Beeren, Hanfsamen, Kokoschips, Mandeln und beiseitegelegte Minzeblätter darüberstreuen.
- Die Bowl nach Belieben mit Ahornsirup beträufeln und sofort genießen.

COLD-BREW-PORRIDGE

mit Früchten und Kakao-Nibs

Dieser süße Brei passt perfekt ins tägliche Morgenprogramm: aufstehen, Porridge kalt anrühren, duschen, Bowl fertigstellen! Dann gleich genießen oder sich auf ein leckeres Bürofrühstück freuen ...

1
PERSON

10
MIN. ZUBEREITUNG
+ 20 MINUTEN QUELLEN

615
KCAL

ZUTATEN

125 g Naturjoghurt, 100 ml Milch, 40 g Frühstücksbrei (Bioladen), ca. 2 TL Ahornsirup, Zimtpulver, 1 Clementine, 60 g Heidelbeeren, 1 Banane, 2 EL Müsli, 2 TL Kakao-Nibs, 1 TL Chiasamen

DER PORRIDGE

Joghurt, Milch und Frühstücksbrei verrühren. Mit Ahornsirup nach Geschmack süßen und mit etwas Zimt würzen. Den Porridge 20 Min. quellen lassen.

DIE TOPPINGS

- Die Clementine schälen und in einzelne Segmente teilen.
- Die Heidelbeeren verlesen, waschen und abtropfen lassen.
- Die Banane schälen und in ca. ½ cm dicke Scheiben schneiden.

SCHÖN MACHEN

- Den Porridge in eine Schüssel füllen und das Müsli mittig als Streifen darauf anrichten.
- Clementine, Heidelbeeren und Banane auf beiden Seiten dekorativ in jeweils zwei Streifen anrichten.
- Die Kakao-Nibs und die Chiasamen darüberstreuen und alles mit etwas Zimtpulver bestäuben.

AÇAI-BOWL

mit Kaki und Himbeeren

Hip, hipper, Açai (sprich: A-ßa-i)! Die Palmenfrucht aus Südamerika ist eine echte Vitaminbombe und reich an Antioxidantien – also die perfekte Basis für eine Superbowl.

1
PERSON

10
MIN. ZUBEREITUNG

520
KCAL

ZUTATEN

1 Banane, 80 g TK-Himbeeren, 50 ml Orangensaft, 2 EL Açai-Pulver (Bioladen), 2 EL Frühstücksbrei (Bioladen), 1 EL Cashewmus, 1 Stiel Basilikum, ½ Kaki, 1 EL Kokoschips, 1 EL Mandeln

SMOOTHIE MIXEN

- Die Banane schälen und in dicke Scheiben oder grobe Stücke schneiden.
- Banane, Himbeeren, Orangensaft, Açai-Pulver, Frühstücksbrei und Cashewmus mit dem Stabmixer fein pürieren.
- Den Smoothie in eine Schüssel füllen.

TIPPTOPP TOPPINGS

Das Basilikum waschen, trocken tupfen und die Blätter abzupfen. Die Kaki waschen und in dünne Scheiben schneiden.

Schale zu hart? Dann die Kaki vorher dünn schälen! Die Bowl schmeckt übrigens auch genial mit Pfirsich oder Nektarine.

AUFHÜBSCHEN

- Die Kakischeiben seitlich dekorativ als zwei Fächer auf dem Açai-Smoothie anrichten.
- Basilikum, Kokoschips und Mandeln in Häufchen darauf anrichten oder gemischt über den Smoothie streuen.

BUDDHA-BOWL

mit Süßkartoffel

Kichererbsen, Süßkartoffel, Granatapfel: Das ist Zen-Meditation für den Gaumen! Und erinnert eine prall gefüllte Schüssel nicht an den runden Bauch eines Buddhas?

1
PERSON

30
MIN. ZUBEREITUNG

795
KCAL

ZUTATEN

60 g Kichererbsen (aus der Dose), 1 EL Apfelbalsamico, 1 EL Olivenöl, 1 TL Ahornsirup, Salz, Pfeffer, 1 kleine Rote Bete (100 g), ¼ Granatapfel, 50 g Pflücksalat, 3 Radieschen, 3 Stiele Minze, 1 Süßkartoffel (150 g), Öl zum Frittieren, ½ Rezept Avocado-Erbsen-Dip (siehe S. 29)

BASICS VORBEREITEN

- Die Kichererbsen in einem Sieb abbrausen und abtropfen lassen.
- Essig, Olivenöl und Ahornsirup verrühren. Mit Salz und Pfeffer kräftig würzen. 1 EL Dressing mit den Kichererbsen mischen.
- Rote Bete schälen, in dünne Scheiben schneiden und mit dem restlichen Dressing verrühren.
- Die Granatapfelkerne aus der Schale lösen.
- Salat putzen, waschen und trocken schleudern.
- Radieschen putzen, waschen und in dünne Scheiben schneiden.
- Die Minze waschen, trocken tupfen und die Blätter abzupfen.

SWEET CHIPS

- Süßkartoffel schälen und in dünne Scheiben schneiden, große Scheiben halbieren.
- In einem Topf 1 cm hoch Öl erhitzen und die Süßkartoffelscheiben darin bei mittlerer Hitze 8 Min. hell frittieren.
- Mit einem Schaumlöffel herausheben, auf Küchenpapier abtropfen lassen und mit Salz und Pfeffer würzen.

Yummy!

FIX & FERTIG!

Die Salatblätter in einer Schüssel verteilen. Den Avocado-Erbsen-Dip mittig daraufsetzen und die restlichen Zutaten einzeln drumherum häufen.

COUSCOUS-BOWL

mit glasierten Möhren

Soulfood mit Gute-Laune-Garantie: Diese geniale Bowl sorgt für Glücksgefühle im Bauch, spendet Kraft und Energie und zaubert in jeder Jahreszeit Sonne ins Herz!

1
PERSON

20
MIN. ZUBEREITUNG

1015
KCAL

ZUTATEN

50 g Couscous, 1 TL Zaatar (afrik. Gewürzmischung), 3 TL Zitronensaft, Salz, 200 g Möhren, 1 TL Butter, 1 EL Olivenöl, 3 Stiele Petersilie, 2 TL Honig, ¼ Granatapfel, 50 g Feta, ½ Rezept Linsen-Hummus (siehe S. 28), 1 TL Sesamsamen, Schwarzkümmelsamen

COUSCOUS ANSETZEN

Couscous in einem Schälchen mit ½ TL Zaatar, 1 TL Zitronensaft und etwas Salz mischen. Mit 80 ml kochendem Wasser übergießen und zugedeckt 10 Min. quellen lassen.

MÖHREN & TOPPINGS

- Inzwischen die Möhren schälen und längs vierteln, die Viertel quer halbieren.
- Die Möhren in einem Topf mit Butter, Olivenöl, übrigem Zaatar und restlichem Zitronensaft, etwas Salz und 3 EL Wasser zugedeckt bei kleiner bis mittlerer Hitze 5 Min. dünsten.
- Die Petersilie waschen und trocken tupfen, die Blätter abzupfen und in Streifen schneiden.
- Den Honig zu den Möhren geben und diese offen weiterdünsten, bis sie glasiert sind und die Flüssigkeit verdampft ist.

ZU GUTER LETZT

- Die Granatapfelkerne aus der Schale lösen. Den Feta grob zerbröckeln.
- Couscous durchrühren und in eine Schüssel häufen. Möhren von zwei Seiten zur Mitte hin darüberlegen.
- Hummus, Petersilie, Feta und Granatapfelkerne rundherum darauf verteilen. Mit Sesamsamen und 1 Prise Schwarzkümmelsamen garnieren.

JERUSALEM-BOWL

mit Falafeln und Roter Bete

In Israels heiliger Stadt ist man sich einig: Alle lieben Falafeln! Und auch hierzulande finden die knusprigen Kichererbsenbällchen immer mehr Verehrer. Kein Wunder, bei so einem Auftritt!

1
PERSON

20
MIN. ZUBEREITUNG
+ 12 STD. EINWEICHEN

500
KCAL

ZUTATEN

40 g getrocknete Kichererbsen, 1 Knoblauchzehe, 1 TL mildes Currypulver, 1 TL Zaatar (afrik. Gewürzmischung), 1 TL Mehl, 1 EL Zitronensaft, Salz, ½ rote Zwiebel, 1 EL Weißweinessig, 50 g Baby-Spinat, 75 g bunte Cocktailtomaten, 1 kleine Rote Bete (100 g), Öl zum Frittieren, ½ Rezept Joghurtdip (siehe S. 27)

FALAFEL VORAN

- Die Kichererbsen in reichlich kaltem Wasser 12 Std. einweichen. In ein Sieb abgießen und abtropfen lassen.
- Den Knoblauch schälen. Mit Kichererbsen, Currypulver, Zaatar, Mehl, Zitronensaft sowie 1 EL Wasser und etwas Salz in einem hohen Becher mit dem Stabmixer fein pürieren.
- Aus der Masse 4 Bällchen formen und diese jeweils etwas flach drücken.

FRESH STUFF

- Die Zwiebel schälen und in feine Streifen oder Ringe schneiden. Mit Essig mischen und mit Salz würzen.
- Den Spinat verlesen, waschen und trocken schleudern. Die Tomaten waschen und halbieren.
- Die Rote Bete schälen und mit dem Spiralschneider in feine „Spaghetti" schneiden. Die Essigmarinade von den Zwiebeln durch ein Sieb dazugießen und gut untermischen.

FRY & FERTIG!

In einem Topf 5 cm hoch Öl erhitzen. Die Falafeln darin etwa 5 Min. frittieren, dabei einmal wenden. Herausheben und auf Küchenpapier abtropfen lassen. Den Spinat als Basis in die Schüssel geben, die Rote-Bete-Spaghetti mittig darauflegen. Tomaten und Zwiebel auf den gegenüberliegenden Seiten neben die Rote Bete häufen. Dann je 2 Falafeln in die Lücken setzen und den Dip dazu servieren.

BALI-LOVE-BOWL

mit roten Nudeln und Ananas

Sich mal eben nach Bali träumen? Mit dieser kunterbunten, exotischen Bowl können Sie Biss für Biss einen genussvollen Kurztrip nach Asien unternehmen!

1
PERSON

20
MIN. ZUBEREITUNG

590
KCAL

ZUTATEN

50 g Glasnudeln, ¼ l Rote-Bete-Saft, Salz, 50 g Baby-Spinat, 3 Stiele Koriander, 50 g Ananasfruchtfleisch, ½ orangefarbene Paprikaschote, 100 g Tempeh (Asien- oder Bioladen), Öl zum Braten, 1 EL Sojasauce, 1 EL Limettensaft, ½ Rezept Erdnusssauce (siehe S. 26)

NUDELGLÜCK

Glasnudeln 10 Min. im Rote-Bete-Saft einweichen. Dann in ein Sieb abgießen, dabei den Saft in einem Topf auffangen. Den Rote-Bete-Saft mit etwas Salz zum Kochen bringen und vom Herd nehmen. Die Glasnudeln darin erneut 1 Min. einweichen. Wieder abgießen und gut abtropfen lassen.

TOPPING-FAVORITEN

- Spinat verlesen, waschen und trocken schleudern.
- Koriander waschen, trocken tupfen und die Blätter abzupfen.
- Ananasfruchtfleisch in kleine Spalten oder Herzchen schneiden.
- Paprika entkernen, waschen und in schmale Streifen schneiden.
- Tempeh in ca. 1 cm dicke Scheiben schneiden. Reichlich Öl in einer Pfanne erhitzen und die Tempeh-Scheiben darin auf jeder Seite goldbraun braten. Auf Küchenpapier abtropfen lassen.
- Das Öl aus der Pfanne abgießen. Tempeh erneut in der Pfanne schwenken, dann mit Sojasauce und Limettensaft ablöschen und mit Salz würzen.

DEKO MIT LIEBE

- Den Spinat in einer Schüssel verteilen und die Nudeln mittig daraufhäufen.
- Die Erdnusssauce auf den Spinat träufeln, Koriander, Paprika und Tempeh darauf anrichten. Mit Ananas garnieren.

FRÜHLINGS-BOWL

mit Super-Cheese-Balls

Wenn Spargel und Erdbeeren im Juni gemeinsam Saison haben, ist es Zeit für diese bunte Schüssel voller Glück. Wie viele Wochen sind es noch mal bis Juni?

1
PERSON

30
MIN. ZUBEREITUNG

845
KCAL

ZUTATEN

Bio-Kräutersalz, 50 g Buchweizen-Bulgur, 5 Stangen grüner Spargel, 1 EL Sesamsamen, 1 EL Chiasamen, 70 g fester Ziegenfrischkäse, 1 TL Honig, 80 g Erdbeeren, 2 TL Butter, 1 EL Zitronensaft, Salz, 1 Kästchen Kresse, ½ Rezept Avocado-Erbsen-Dip (siehe S. 29)

BASIS SCHAFFEN

- In einem Topf 125 ml Wasser mit Kräutersalz aufkochen. Den Bulgur einstreuen und zugedeckt bei mittlerer Hitze 2–3 Min. kochen. Die Herdplatte ausschalten und den Bulgur zugedeckt 10 Min. quellen lassen.
- Den Spargel waschen und im unteren Drittel schälen, die holzigen Enden abschneiden. Die Stangen halbieren und in einem Topf mit Dämpfeinsatz über wenig kochendem Wasser bissfest dämpfen. Die Stangen kalt abschrecken und abtropfen lassen.

BALLS & BERRIES

Sesam- und Chiasamen auf einem kleinen Teller mischen. Ziegenkäse und Honig vermengen. Die Masse zu 3–4 kleinen Kugeln rollen und in der Samenmischung wälzen. Erdbeeren waschen, putzen und halbieren.

FRÜHLINGS-MAKE-UP

- Butter in einer Pfanne erhitzen und den Spargel darin kurz andünsten. Mit Zitronensaft ablöschen und mit Salz würzen.
- Die Kresse vom Beet schneiden, vorsichtig waschen und trocken tupfen.
- Den Bulgur mittig in eine Schüssel häufen. Erdbeeren, Cheese-Balls, Kresse, Avocado-Erbsen-Dip und Spargel darauf verteilen.

SAUCEN, DIPS & CO.

Die obligatorische Krönung und ein echter Farbtupfer für herzhafte Bowls: eine leckere Sauce, ein würziger Dip oder eingelegte Pink Onions – natürlich selbst gemacht und am liebsten in Knallgelb, Rosarot oder Giftgrün. Hier unsere Favoriten …

Mangosalsa

- Für 2 Portionen 150 g Mangofruchtfleisch klein würfeln.
- 1 kleine Jalapeño-Chilischote längs halbieren, entkernen, waschen und in feine Würfel schneiden.
- 3–4 Stiele Koriander waschen und trocken tupfen, die Blätter abzupfen und fein hacken.
- Die vorbereiteten Zutaten mit 1 TL Honig und 1 EL Limettensaft verrühren.
- Die Salsa mit Salz und Pfeffer würzen und 10 Min. ziehen lassen.
- Nach Belieben noch 1 EL rote Zwiebelwürfel unterrühren.

Erdnusssauce

- Für 2 Portionen 50 g Erdnussmus, 1 TL rote Currypaste, 2 EL Limettensaft, 2 EL Wasser und ½ EL Sojasauce in einem Topf erhitzen und glatt rühren. Mit Salz würzen und abkühlen lassen.
- Die Sauce nach Belieben mit etwas Wasser verdünnen.

Rote-Bete-Pesto

- Backofen auf 180 °C vorheizen, ein Backblech mit Backpapier belegen. Für 2 Portionen 1 kleine Rote Bete (150 g) schälen, klein schneiden und mit 2 TL Olivenöl beträufeln. Auf dem Blech verteilen und im Ofen (Mitte) 40 Min. garen, dabei einmal wenden. Dann herausnehmen und etwas abkühlen lassen.
- 2 EL Pinienkerne in einer Pfanne ohne Fett anrösten, sofort herausnehmen. 1 kleine Knoblauchzehe schälen. 40 g Pecorino in kleine Stücke schneiden.
- Rote Bete, Pinienkerne, Knoblauch, Pecorino, 1 TL abgeriebene Bio-Zitronenschale, 1 EL Zitronensaft und 3 EL Olivenöl mit dem Stabmixer fein pürieren. Mit Salz, Pfeffer und Zitronensaft abschmecken. Das Pesto in ein sauberes Glas füllen und knapp mit Olivenöl bedecken. Das Glas verschließen und das Pesto bis zur Verwendung kühl stellen.

Joghurtdip

- Für 2 Portionen 1 Stiel Dill waschen und trocken tupfen, die Spitzen abzupfen und fein hacken.
- 1 Knoblauchzehe schälen und zu 250 g Ziegenjoghurt pressen. 2 EL Limettensaft dazugeben und alles verrühren. Mit Salz abschmecken und nach Belieben ½ TL Sumach (türk. Gewürz) unterrühren.
- Den Dill untermischen und den Dip mit etwas Zaatar und Olivenöl garnieren.

Kurkumasauce

- Für 4 Portionen 5 g Kurkumawurzel schälen und klein schneiden (am besten mit Einweghandschuhen). Ersatzweise 1 TL gemahlene Kurkuma verwenden.
- Kurkuma mit 2 EL Limettensaft, 2 EL Öl (z. B. Traubenkernöl), 1 TL Erdnussmus und 1 TL Honig mit dem Stabmixer fein pürieren.
- Die Sauce mit Salz abschmecken.

Linsen-Hummus

- Für 2–3 Portionen 1 Süßkartoffel (150 g) schälen und klein schneiden. Mit 100 g roten Linsen, 1 Prise gemahlener Kurkuma und ¼ l Wasser zum Kochen bringen, zugedeckt bei kleiner Hitze 10 Min. köcheln lassen. In einem Sieb abtropfen lassen.
- ½ Bio-Orange waschen und abtrocknen, Schale abreiben und Saft auspressen.
- 1 Knoblauchzehe schälen und klein schneiden.
- Linsenmischung, 3 EL Orangensaft, Orangenschale, Knoblauch, 2 EL Zitronensaft, 2 EL Olivenöl, 1 ½ EL Sesammus und je ½ TL gemahlenen Kreuzkümmel und Koriander mit dem Stabmixer fein pürieren.
- Hummus mit Salz, Pfeffer und Cayennepfeffer abschmecken.

Pink Onions

- Für 3–4 Portionen 1 rote Zwiebel schälen, in feine Streifen schneiden und in ein Weckglas (250 ml Inhalt) füllen, dabei etwas andrücken.
- In einem Topf 125 ml Balsamico bianco mit 10 schwarzen Pfefferkörnern, 1 Wacholderbeere, 1 Nelke, 1 Lorbeerblatt, 1 ½ EL Rohrohrzucker und ½ TL Salz aufkochen.
- Den Sud über die Zwiebelstreifen gießen und das Glas verschließen. Die Pink Onions mindestens über Nacht durchziehen lassen.

Avocado-Erbsen-Dip

- Für 2 Portionen 100 g TK-Erbsen in einem Topf mit Salzwasser bedeckt zum Kochen bringen und 5 Min. garen.
- 1 Avocado halbieren und den Stein entfernen. Das Fruchtfleisch mit einem Löffel aus der Schale lösen.
- 1 Knoblauchzehe schälen und klein schneiden. 1 Stiel Minze waschen und trocken tupfen, die Blätter abzupfen.
- Vorbereitete Zutaten mit 2 EL Limettensaft und 1 TL Ahornsirup mit dem Stabmixer fein pürieren.
- Mit Salz und Pfeffer abschmecken.

MEXICAN BOWL

mit Avocado und Garnelen

Das Beste aus der mexikanischen Küche ist hier in einer Schüssel vereint: Hülsenfrüchte, knackiges Gemüse, spritzige Limettenfrische und würzig-scharfe Extras.

1
PERSON

15
MIN. ZUBEREITUNG
+ 12 STD. EINWEICHEN
+ 50 MIN. GAREN

675
KCAL

ZUTATEN

50 g getrocknete Bohnen (z.B. Pintobohnen), ½ rote Paprikaschote, 2 Stiele Koriander, ½ Avocado, 2–3 Frühlingszwiebeln, 4 TL Olivenöl, 100–125 g TK-Garnelen (aufgetaut und geschält), Salz, Pfeffer, 3 TL Limettensaft, ½ TL Paprikapulver (edelsüß oder rosenscharf), ½ Rezept Mangosalsa (siehe S. 26), 1 EL Kokoschips

BOHNEN GAREN

Die Bohnen in reichlich kaltem Wasser 12 Std. einweichen. Das Wasser abgießen, die Bohnen in einem Topf mit frischem Wasser bedecken. Zugedeckt bei kleiner Hitze 50 Min. gar köcheln.

TOPPING-ZEIT

- Die Paprikahälfte entkernen, waschen und in Streifen schneiden.
- Den Koriander waschen, trocken tupfen und die Blätter abzupfen.
- Die Avocado entsteinen und schälen.
- Frühlingszwiebeln putzen, waschen, längs halbieren. 1 TL Olivenöl in einer Pfanne erhitzen und die Frühlingszwiebeln darin rundum kurz anbraten. Herausnehmen.
- Garnelen waschen, trocken tupfen und in der Pfanne in 1 TL Olivenöl 2–3 Min. anbraten. Mit Salz, Pfeffer und 2 TL Limettensaft würzen.

AB INS SCHÄLCHEN

- Bohnen abgießen und abtropfen lassen. Mit 2 TL Olivenöl und 1 TL Limettensaft mischen, mit Salz, Pfeffer und Paprikapulver würzen.
- Bohnen mittig in eine Schüssel häufen. Paprikastreifen und Frühlingszwiebeln drumherum verteilen. Die Avocadohälfte mit der Vertiefung nach oben daraufsetzen und mit der Mangosalsa füllen.
- Die Garnelen daraufsetzen und alles mit Korianderblättern und Kokoschips garnieren.

POLENTA-BOWL

mit Lachs und Zuckerschoten

Polenta und Lachs sind ein echtes Dream-Team, keine Frage! Kommen dann noch Gemüse, Nüsse und ein Hauch Zitronenaroma dazu, ist die Wohlfühl-Bowl perfekt.

1
PERSON

30
MIN. ZUBEREITUNG

900
KCAL

ZUTATEN

60 g Zuckerschoten, 1 Frühlingszwiebel, 4 Radieschen (mit knackigem Grün), 70 g Cocktailtomaten, 4 Walnusskernhälften, 1 Knoblauchzehe, ¼ l Milch, Salz, 70 g Polentagrieß (Maisgrieß), 125 g Lachsfilet (mit Haut), Mehl zum Bestäuben, ½ EL Olivenöl, Saft von ½ Bio-Zitrone, Pfeffer, 1–2 EL Butter, abgeriebene Schale von ½ Bio-Zitrone

ALLES ON TOP

- Zuckerschoten putzen, waschen und in einem Topf mit Dämpfeinsatz über wenig kochendem Wasser 3 Min. bissfest dämpfen. Kalt abschrecken und abtropfen lassen.
- Frühlingszwiebel putzen, waschen und in feine Ringe schneiden.
- Radieschen putzen und waschen. Das Grün hacken, die Radieschen in dünne Scheiben schneiden.
- Tomaten waschen und halbieren. Walnüsse zerbröckeln.

LACHS & POLENTA

- Backofen (samt Blech) auf 150 °C vorheizen.
- Knoblauch schälen und in Scheiben schneiden. Die Hälfte der Scheiben mit Milch, 100 ml Wasser und etwas Salz in einem Topf aufkochen.
- Polenta unter Rühren einrieseln lassen. Zugedeckt bei kleiner Hitze 5 Min. garen, ab und zu umrühren. Vom Herd nehmen und zugedeckt weitere 5 Min. ziehen lassen.
- Den Lachs kalt abbrausen und trocken tupfen. Die Hautseite mit Mehl bestäuben.
- Das Olivenöl in einer Pfanne erhitzen, den Lachs darin auf der Hautseite 4 Min. knusprig anbraten. Mit Zitronensaft beträufeln, salzen, pfeffern und mit der Hautseite nach oben auf dem Blech im Ofen ca. 5 Min. glasig garen.

DAS FINISH

Die Butter in einer Pfanne erhitzen. Frühlingszwiebelringe, übrigen Knoblauch, Radieschengrün, Walnüsse und Zitronenschale darin andünsten. 1 EL Zitronensaft unterrühren, mit Salz und Pfeffer würzen. Die Polenta in eine Schüssel geben, Zuckerschoten, Radieschen, Tomaten und den Lachs darauf anrichten. Den Pfanneninhalt dazu reichen oder darüberträufeln.

SUNNY-SIDE-UP-BOWL

mit Linsen und Ei

Zur Erntezeit im September und Oktober haben knackig-frische Herbst-Highlights wie Äpfel, Feldsalat und Pilze ihren großen Auftritt. Sie bereichern diese Bowl mit ihrer Aromenvielfalt.

1
PERSON

30
MIN. ZUBEREITUNG

775
KCAL

ZUTATEN

50 g Belugalinsen, Salz, Pfeffer, ½ EL Aceto balsamico, 50 g Cocktailtomaten, ½ Apfel, 50 g Feldsalat, 100 g Pilze (z. B. Steinpilze, Kräuterseitlinge, Austernpilze, Champignons), 1 EL Olivenöl, 1 Ei, ½ Kästchen Kresse, ½ Rezept Rote-Bete-Pesto (siehe S. 27)

LINSEN GAREN

- Die Linsen nach Packungsanweisung 20–25 Min. bissfest garen.
- Die Linsen in ein Sieb abgießen und abtropfen lassen. Dann mit Salz, Pfeffer und Aceto balsamico würzen und beiseitestellen.

TOPPINGS MANAGEN

- Schon währen die Linsen garen, die Toppings zubereiten. Die Tomaten waschen und halbieren.
- Apfel waschen, vom Kerngehäuse befreien und in Spalten schneiden. Apfelspalten quer halbieren.
- Den Feldsalat verlesen, waschen und trocken schleudern.
- Die Pilze putzen, falls nötig, trocken abreiben und in mundgerechte Stücke schneiden. Eine Pfanne erhitzen und das Olivenöl hineingeben. Die Pilze darin rundum anbraten und dann auf eine Seite der Pfanne schieben.
- Das Ei in die Pfannenmitte schlagen, als Spiegelei braten und mit Salz würzen. Die Pilze mit Salz und Pfeffer würzen.
- Die Kresse vom Beet schneiden, waschen und vorsichtig trocken tupfen.

Schmeckt auch sehr lecker mit Avocado-Erbsen-Dip (siehe S. 29).

HERAUSPUTZEN

Den Feldsalat in einer Schüssel verteilen, die Linsen mittig daraufhäufen. Pilze, Tomaten, Apfel, Kresse und Rote-Bete-Pesto rund um die Linsen verteilen. Das Ei daraufsetzen.

AUTUMN-BOWL

mit Kürbis und Rosenkohl

Mildsüßer Kürbis, herber Radicchio und kräftiger Rosenkohl, getoppt von rosa Zwiebeln und knallgelber Kurkumasauce – magischer kann der Herbst nicht daherkommen!

1
PERSON

30
MIN. ZUBEREITUNG

400
KCAL

ZUTATEN

½ Hokkaidokürbis (300 g), 1 kleine Kartoffel (75 g), 2 Scheiben Ingwer, Salz, 125 g Rosenkohl, 2 EL Limettensaft, 1 TL Erdnussmus, Cayennepfeffer, ca. ½ TL Honig, 2 Radicchioblätter, ½ Rezept Kurkumasauce (siehe S. 28), 1–2 EL Pink Onions (siehe S. 29), 1 EL Cashewkerne

RAN ANS GEMÜSE 1

- Kürbis waschen und entkernen. Auf der offenen Seite eine 1 cm dicke Scheibe abschneiden, diese klein würfeln. Kürbishälfte in einem Topf mit Dämpfeinsatz über wenig kochendem Wasser 14 Min. weich dämpfen.
- Kartoffel schälen und klein würfeln. Die Kürbis- und Kartoffelwürfel mit dem Ingwer in einem Topf knapp mit leicht gesalzenem Wasser bedeckt aufkochen und zugedeckt bei kleiner Hitze 10 Min. köcheln lassen.
- Den Rosenkohl putzen und im Blitzhacker grob zerkleinern. In einer Pfanne mit 2 EL Wasser und 1 EL Limettensaft zugedeckt 8 Min. weich dünsten.

RAN ANS GEMÜSE 2

- Den Ingwer aus der Kartoffelmischung entfernen und diese abtropfen lassen. In einer Schüssel mit Erdnussmus und restlichem Limettensaft mit einem Kartoffelstampfer nach Belieben fein oder stückig stampfen. Mit Salz abschmecken.
- Den Rosenkohl mit Salz, 1 Prise Cayennepfeffer und etwas Honig abschmecken.
- Radicchioblätter waschen, trocken schleudern und in Streifen schneiden.

BAUANLEITUNG

Rosenkohl und Radicchio in einer Schüssel nebeneinander verteilen. Die Kürbishälfte mit Stampf füllen und mittig daraufsetzen. Alles mit Kurkumasauce beträufeln, die Pink Onions mittig daraufgeben. Mit Cashewkernen bestreuen.

Cashews nach Wunsch durch Walnuss- oder 1 EL Granatapfelkerne ersetzen.

FRESH-FUSION-BOWL

mit Räuchertofu

Winterzeit und die ersten Menschen in Ihrer Umgebung fangen an zu schniefen? Dann nichts wie ran an diese Bowl – mit ihren vitaminreichen Zutaten stärkt sie perfekt das Immunsystem!

1
PERSON

20
MIN. ZUBEREITUNG

855
KCAL

ZUTATEN

125 g Weißkohlblätter, 10 g Ingwer, 1 EL Apfelbalsamico, 4 TL Olivenöl, 1 TL Ahornsirup, Salz, ½ Apfel, ½ Avocado, 1 EL Limettensaft, 4 Stiele Dill, 100 g Räuchertofu, 1 TL geröstetes Sesamöl, 30 g Walnusskerne, ½ Rezept Mangosalsa (siehe S. 26), schwarze Sesamsamen

ZUERST DER KOHL

Die Kohlblätter waschen und in feine Streifen schneiden. Den Ingwer schälen und fein reiben. Beides mit Essig, 2 TL Olivenöl und Ahornsirup mischen. Das Ingwerkraut mit Salz würzen.

Auch fresh & lecker: statt Weißkohl Rot-, Spitz- oder Chinakohl verwenden.

DAS KOMMT DAZU

- Den Apfel waschen, vom Kerngehäuse befreien und in schmale Spalten schneiden.
- Die Avocado entsteinen, schälen und in kleine Stücke schneiden. Mit ½ EL Limettensaft beträufeln und mit Salz würzen.
- Den Dill waschen und trocken tupfen, die Spitzen abzupfen und grob hacken.
- Den Tofu in Scheiben schneiden. Das restliche Olivenöl in einer Pfanne erhitzen und den Tofu darin rundum knusprig braten. Mit Sesamöl und dem übrigen Limettensaft ablöschen und mit Salz würzen.

SCHÖN SORTIEREN

- Das Kraut mittig in eine Schüssel häufen.
- Alle restlichen vorbereiteten Zutaten mit den Walnusskernen und der Mangosalsa drumherum anrichten.
- Die Bowl mit Sesamsamen garnieren.

HIRSE-BOWL

mit Rinderhüftsteak

Tomaten, Orangen und Spinat: eine Kombi, die immer super zusammenpasst. Und in Begleitung von saftigem Rinderhüftsteak macht sie hier auch optisch richtig was her.

1
PERSON

30
MIN. ZUBEREITUNG

650
KCAL

ZUTATEN

50 g Hirse, Salz, 1 EL gehackte Petersilie, 1–2 EL Pink Onions (siehe S. 29), 1 Orange, 80 g Datteltomaten, 1 Knoblauchzehe, 100 g Baby-Spinat, 2 TL Butter, 1 Rinderhüftsteak (1–1 ½ cm dick, ca. 125 g), 2 TL Olivenöl, Pfeffer, Cayennepfeffer

HIRSE GAREN

Die Hirse in einem Sieb mit heißem Wasser abbrausen. Dann in einem Topf mit 150 ml Wasser zugedeckt bei kleiner Hitze 20 Min. köcheln lassen. Salzen und offen weiterkochen, bis die Flüssigkeit verdampft ist. Vom Herd nehmen und zugedeckt ziehen lassen. Während die Hirse gart, die Toppings vorbereiten.

TOPPING-PARTY

- Petersilie mit den Pink Onions verrühren.
- Die Orange so großzügig schälen, dass auch die weiße Haut mit entfernt wird, und in Scheiben schneiden.
- Die Tomaten waschen, trocken tupfen und halbieren. Den Knoblauch schälen und in feine Scheiben schneiden.
- Spinat verlesen und waschen. Mit Butter und Knoblauch bei großer Hitze zusammenfallen lassen. Salzen und zugedeckt bei kleiner Hitze 3–4 Min. garen.

STEAK ... UND FERTIG!

- Das Steak trocken tupfen. Eine Pfanne stark erhitzen, das Olivenöl hineingeben und das Steak darin auf jeder Seite je 1 Min. braten. Mit Salz, Pfeffer und Cayennepfeffer würzen und in Alufolie wickeln.
- Aus der Hirse 3 Kugeln formen, diese mittig in eine Schüssel setzen und die Pink-Onion-Mischung daraufgeben. Orange, Tomaten und Spinat drumherum häufen. Das Steak aus der Folie wickeln, in Scheiben schneiden und in die Schüssel füllen.

LINSEN-DAL-BOWL

mit Ziegenkäse und Pflaumen

Cross-over-Dal ist ein Trend, den Sie nicht verpassen sollten. Denn der Linsenbrei schmeckt nicht nur auf indische Art, sondern harmoniert auch perfekt mit hiesigen Toppings.

1
PERSON

45
MIN. ZUBEREITUNG

965
KCAL

ZUTATEN

1 Schalotte, 15 g Ingwer, 1 Knoblauchzehe, 1 TL getrockneter Thymian, 2 EL Olivenöl, 75 g Puy-Linsen, 1 EL milde Currypaste (Asien- oder Bioladen), Salz, Pfeffer, 1–2 TL Balsamico bianco, 1 Frühlingszwiebel, ½ Apfel, 1 rote Pflaume, 2 TL flüssiger Honig, 70 g Ziegenweichkäserolle, 5–6 Walnusskernhälften, 3–4 rosa Pfefferbeeren

DAL(LI), DAL(LI)

Schalotte, Ingwer und Knoblauch schälen und fein würfeln. Mit dem Thymian in einem Topf in 1 EL Olivenöl andünsten. Die Linsen kurz mitdünsten. ¼ l Wasser angießen, alles aufkochen und zugedeckt bei kleiner Hitze 25 Min. köcheln lassen. Die Currypaste unterrühren und das Dal mit Salz, Pfeffer und Essig würzen. Vom Herd nehmen und zugedeckt ziehen lassen.

WEITER GEHT'S

- Die Frühlingszwiebel putzen, waschen und in feine Ringe schneiden.
- Den Apfel und die Pflaume waschen, entkernen bzw. entsteinen und in dünne Spalten schneiden.
- Das restliche Olivenöl in einer Pfanne erhitzen und die Apfelspalten kurz darin schwenken. Pflaumenspalten und Frühlingszwiebelringe dazugeben und alles kurz weiterschwenken.
- 1 TL Honig hinzufügen und leicht karamellisieren. Mit Salz und Pfeffer würzen.

SAY: CHEESE!

- Den Backofengrill einschalten. Den Käse in 2 dicke Scheiben schneiden und mit dem restlichen Honig beträufeln. Auf einem mit Backpapier belegten Blech unter dem Grill ca. 5 Min. leicht bräunen.
- Das Dal in eine Schüssel geben. Die Apfelmischung aus der Pfanne und die Walnüsse darauf verteilen.
- Den Käse daraufsetzen und mit zerdrückten Pfefferbeeren garnieren.

RAMEN-BOWL

mit Pak Choi und Pilzen

Die vielseitigen japanischen Nudelsuppen sind eine der kulinarischen Entdeckungen der letzten Jahre und werden hierzulande als leichtes Mittagessen immer beliebter. Wir finden: gut so!

1
PERSON

30
MIN. ZUBEREITUNG

405
KCAL

ZUTATEN

1 kleiner Pak Choi (50 g), 1 Frühlingszwiebel, je 40 g Shiitake- und Enokipilze (Asienladen), 1 Ei, 1 Knoblauchzehe, 10 g Ingwer, 1–1 ½ EL Genmai-Misopaste (Asienladen), 2–2 ½ EL Tamari (Asienladen), 1 EL Limettensaft, 100 g Ramennudeln (Asienladen), 2 TL Sesamsamen

VORBEREITEN

Pak Choi in die einzelnen Blätter teilen und diese waschen. Frühlingszwiebel putzen, waschen und schräg in Ringe schneiden. Von den Shiitakepilzen die Stiele entfernen. Das Ei in kochendem Wasser je nach Größe 5–6 Min. wachsweich kochen.

Frischekick dank Limettensaft und Ingwer

BRÜHE ANSETZEN

- Den Knoblauch und den Ingwer schälen und in kleine Würfel schneiden.
- ½ l Wasser mit 1 EL Misopaste, 2 EL Tamari, Limettensaft, Ingwer und Knoblauch zum Kochen bringen.
- Die Nudeln und die Shiitakepilze darin zugedeckt bei kleiner Hitze 6 Min. ziehen lassen. Dann herausheben.

SCHON FERTIG!

- Die Nudeln mittig in eine Schüssel geben und die Shiitakepilze an den Rand häufen. Die Enokipilze aufrecht hinstellen.
- Pak Choi und Frühlingszwiebel in der Misobrühe bei kleiner Hitze je 2 Min. ziehen lassen. Herausheben und in der Schüssel anrichten.
- Die Brühe aufkochen, nach Wunsch mit Miso und Tamari abschmecken und in die Schüssel gießen.
- Das Ei pellen, halbieren und daraufsetzen. Alles mit Sesam bestreuen. Dazu schmecken geröstetes Sesamöl und Sriracha-Chilisauce.

Ei, ei ...

MATCHA-KOKOS-BOWL

mit Mango und Passionsfrucht

Matcha schmeckt nicht nur als Tee hervorragend. Das knallig grüne Pulver mit dem leicht herben, grasigen Aroma harmoniert auch bestens mit Mango und Milchreis. Unbedingt probieren!

1
PERSON

35
MIN. ZUBEREITUNG

670
KCAL

ZUTATEN

50 g Milchreis, 100 ml Kokosmilch, Salz, Vanillepulver, Zimtpulver, 100 g Mangofruchtfleisch, 1 EL Zitronensaft, 1 TL Matchapulver (Asien- oder Bioladen), 3 TL Ahornsirup, 1 Passionsfrucht (Maracuja), 1 EL Kokoschips, 1 EL Pistazienkerne, 1 EL Gojibeeren, 1 TL Chiasamen

KOKOSREIS KOCHEN

Den Milchreis mit Kokosmilch, 100 ml Wasser und je 1 Prise Salz, Vanille und Zimt in einem Topf zum Kochen bringen. Dann zugedeckt bei kleiner Hitze 25 Min. weich köcheln lassen, dabei ab und zu umrühren.

EXOTENFRÜCHTE

- Inzwischen das Mangofruchtfleisch in feine Scheiben schneiden. Die Hälfte der Mangoscheiben mit Zitronensaft, Matchapulver, 2 TL Ahornsirup und 1 EL Wasser mit dem Stabmixer fein pürieren.
- Die Passionsfrucht halbieren, das Fruchtfleisch herauslöffeln und mit dem restlichen Ahornsirup verrühren.

WHAT A BOWL!

- Das Mango-Matcha-Püree unter den Milchreis rühren und diesen in eine Schüssel füllen.
- Die Passionsfrucht darüberträufeln.
- Restliches Mangofruchtfleisch, Kokoschips, Pistazienkerne, Gojibeeren und Chiasamen auf der Bowl verteilen.

CRUMBLE-BOWL

mit Beeren und Joghurt

Knusprige Gourmet-Streusel, in denen lauter wertvolle Zutaten stecken, machen diese Nachtisch-Bowl zu einem wahren Fest für Dessertjunkies, Crumblefans und Superfoodjünger.

1
PERSON

25
MIN. ZUBEREITUNG

635
KCAL

ZUTATEN

15 g Kokosöl, 2 EL Dinkelmehl (Type 630), 1 EL Hanfprotein (Bioladen), 2 EL Kokosblütenzucker, 1 TL Vanillepulver, 2 TL Kakao-Nibs, 1 TL Chiasamen, Salz, 1 Feige, 50 g gemischte Beeren, 200 g Naturjoghurt, 1 EL Quinoa-Pops, 1 EL Gojibeeren, 1 EL Kokoschips

SUPERFOODSTREUSEL

- Den Backofen auf 160 °C (Umluft) vorheizen. Ein Backblech mit Backpapier belegen.
- Das Kokosöl in einem Topf schmelzen, den Topf vom Herd nehmen.
- Mehl, Hanfprotein, Zucker, Vanille, Kakao-Nibs, Chiasamen und 1 Prise Salz mischen. Die Mischung zum Öl geben und alles zu Streuseln vermengen.
- Die Streusel auf dem Blech verteilen und im Ofen (Mitte) 10 Min. backen. Dann herausnehmen und etwas abkühlen lassen.

OBST VORBEREITEN

Die Feige waschen und in Scheiben oder Spalten schneiden, dabei den Stielansatz entfernen. Die gemischten Beeren waschen und in einem Sieb abtropfen lassen.

AB IN DIE SCHÜSSEL

- Den Joghurt in eine Schüssel geben und die Streusel mittig daraufhäufen.
- Feige und Beeren drumherum verteilen.
- Quinoa-Pops, Gojibeeren und Kokoschips in Streifen auf der Bowl anrichten.

REGISTER

A/B

Açai-Bowl 14

Apfel
Breakfast-Bowl 6
Fresh-Fusion-Bowl 38
Linsen-Dal-Bowl 42
Sunny-Side-up-Bowl 34

Autumn-Bowl 36

Avocado
Avocado-Erbsen-Dip 29
Buddha-Bowl 16
Fresh-Fusion-Bowl 38
Mexican Bowl 30
Smoothie-Bowl 10

Bali-Love-Bowl 22

Banane
Açai-Bowl 14
Cold-Brew-Porridge 12
Smoothie-Bowl 10
Sunshine-Bowl 8

Beeren
Açai-Bowl 14
Cold-Brew-Porridge 12
Crumble-Bowl 48
Frühlings-Bowl 24
Smoothie-Bowl 10

Breakfast-Bowl 6
Buddha-Bowl 16

C

Cashewnüsse
Açai-Bowl 14
Autumn-Bowl 36
Sunshine-Bowl 8

Chiasamen
Breakfast-Bowl 6
Cold-Brew-Porridge 12
Crumble-Bowl 48
Frühlings-Bowl 24
Matcha-Kokos-Bowl 46

Cold-Brew-Porridge 12
Couscous-Bowl 18

E

Eier
Ramen-Bowl 44
Sunny-Side-up-Bowl 34

Erbsen-Dip, Avocado- 29
Erdnusssauce 26

F

Fresh-Fusion-Bowl 38
Frühlings-Bowl 24

Frühlingszwiebeln
Linsen-Dal-Bowl 42
Mexican Bowl 30
Polenta-Bowl 32
Ramen-Bowl 44

G/H

Gojibeeren
Breakfast-Bowl 6
Crumble-Bowl 48
Matcha-Kokos-Bowl 46

Granatapfel
Buddha-Bowl 16
Couscous-Bowl 18

Hanf
Crumble-Bowl 48
Smoothie-Bowl 10

Hirse-Bowl 40

J/K

Jerusalem-Bowl 20

Joghurt
Breakfast-Bowl 6
Cold-Brew-Porridge 12
Crumble-Bowl 48
Jerusalem-Bowl 20
Joghurtdip 27

Käse
Couscous-Bowl 18
Frühlings-Bowl 24
Linsen-Dal-Bowl 42
Rote-Bete-Pesto 27

Kichererbsen
Buddha-Bowl 16
Jerusalem-Bowl 20

Kiwi: Smoothie-Bowl 10
Kohl: Fresh-Fusion-Bowl 38

Kokos
Açai-Bowl 14
Breakfast-Bowl 6
Crumble-Bowl 48
Matcha-Kokos-Bowl 46
Mexican Bowl 30
Smoothie-Bowl 10

Kresse
Frühlings-Bowl 24
Sunny-Side-up-Bowl 34

Kürbis: Autumn-Bowl 36
Kurkumasauce 28

L

Lachs: Polenta-Bowl 32
Linsen-Dal-Bowl 42
Linsen-Hummus 28

M/N

Mandeln
Açai-Bowl 14
Smoothie-Bowl 10
Mango
Fresh-Fusion-Bowl 38
Mangosalsa 26
Matcha-Kokos-Bowl 46
Mexican Bowl 30
Sunshine-Bowl 8
Matcha-Kokos-Bowl 46
Mexican Bowl 30
Möhren: Couscous-Bowl 18
Nudeln
Bali-Love-Bowl 22
Ramen-Bowl 44

P

Pak Choi: Ramen-Bowl 44
Papaya: Sunshine-Bowl 8
Paprikaschote
Bali-Love-Bowl 22
Mexican Bowl 30
Passionsfrucht: Matcha-Kokos-Bowl 46
Pilze
Ramen-Bowl 44
Sunny-side-up-Bowl 34
Pintobohnen: Mexican Bowl 30
Pistazien
Matcha-Kokos-Bowl 46
Sunshine-Bowl 8
Polenta-Bowl 32

Q/R

Quinoa
Breakfast-Bowl 6
Crumble-Bowl 48
Radieschen
Buddha-Bowl 16
Polenta-Bowl 32
Ramen-Bowl 44
Reis: Matcha-Kokos-Bowl 46
Rindfleisch: Hirse-Bowl 40
Rosenkohl: Autumn-Bowl 36
Rote Bete
Buddha-Bowl 16
Jerusalem-Bowl 20
Rote-Pete-Pesto 27
Sunny-Side-up-Bowl 34

S

Sesam
Couscous-Bowl 18
Fresh-Fusion-Bowl 38
Frühlings-Bowl 24
Linsen-Hummus 28
Ramen-Bowl 44
Smoothie-Bowl 10
Spargel: Frühlings-Bowl 24
Spinat
Bali-Love-Bowl 22
Hirse-Bowl 40
Jerusalem-Bowl 20
Smoothie-Bowl 10
Sunny-Side-up-Bowl 34
Sunshine-Bowl 8
Süßkartoffel
Buddha-Bowl 16
Linsen-Hummus 28

T

Tempeh: Bali-Love-Bowl 22
Tofu: Fresh-Fusion-Bowl 38
Tomaten
Hirse-Bowl 40
Jerusalem-Bowl 20
Polenta-Bowl 32
Sunny-Side-up-Bowl 34

W/Z

Walnüsse
Breakfast-Bowl 6
Fresh-Fusion-Bowl 38
Linsen-Dal-Bowl 42
Polenta-Bowl 32
Zwiebeln
Autumn-Bowl 36
Jerusalem-Bowl 20
Pink Onions 29

Kaiserstraße 14 b
D-80801 München
ISBN: 978-3-89883-671-5

1. Auflage 2017

Projektleitung: Kathrin Ullerich
Rezepte & Texte: Martin Kintrup
Lektorat: Karin Kerber
Grafische Gestaltung:
kral & kral design, München,
Julia Arzberger, Catharina Burmester
Covergestaltung: Johanna Höflich
Fotografie: Coco Lang
Foodstyling: Sven Dittmann
Illustrationen: Shutterstock
Herstellung: Frank Jansen
Producing: Jan Russok
Druck & Bindung:
optimal media GmbH, Röbel

Die ZS Verlag GmbH ist ein Unternehmen
der Edel AG, Hamburg.
www.zsverlag.de | www.facebook.com/zsverlag

Roll around the world

Marianne Zunner
Glücksrollen aus aller Welt

Null Promille, viel Geschmack

Mixology
Mocktails – Drinks to drive

No Carb, no Stress

Inga Pfannebecker
No Carb Abendessen

JUST DELICIOUS

Ratzfatz und gesund

Sarah Schocke
Clean Eating Express

Die neue Kokos-Manie

Tanja Dusy
Coconut Kitchen

Schlankes für zwischendurch

Inga Pfannebecker
Low Carb Snacks

Jetzt überall,
wo es gute Bücher gibt.